D1723442

Mehr Herz in's Hirn !

Mehr Herz als Hirn!

Sigrid Burger · Gedichte

Für alle, die unterwegs sind
zu sich selbst

Verlag Sigrid Burger

2. Auflage

Titelgestaltung: Heinz Burger

© 1996 Verlag Sigrid Burger
75177 Pforzheim, Rudolfstraße 27

Gesamtherstellung:
Baur Druck und Verlag GmbH, 75210 Keltern

Printed in Germany · Alle Rechte vorbehalten

ISBN 3-9803018-1-8

Tanz der Esel

Nicht die Welt

Ich will
mit meiner Wahrheit
deine Träume stören

Mein Feuer
brennt ein Loch
in deinen Pelz

Ich streichle nicht
ich werfe dir
den Brand ins Herz

Denn – nicht die Welt
dein Herz
soll Fackel werden

Idiotische Dynamik

Was nützen dir
tausend Volt im Hirn
wenn dein Herz
im dunkeln tappt?

Gläubig

Eines Tages beschloß ich
nur noch an mich selbst
zu glauben

Seither –
bin ich gläubig

Füreinander

Lichterketten
sind hübsche Gesten

Nicht nur Kerzen –
Herzen
müssen brennen

Füreinander

Eminenz

Arzt
vergiß nicht :

Um den Tumor
herum
ist ein Mensch

Allez hop !

Täglich
über den eigenen
Schatten springen
hält uns jung
und fit

Renn!

Sag die
Wahrheit

Dann renn
so schnell
du kannst

Unermüdlich

Laßt uns
gegen den Haß
anlieben

Unermüdlich

Rettung

Unser Boot
treibt im Meer
der Katastrophen

In uns
die Insel

Tanz der Esel

Mich friert
wenn du es "gut meinst"

Ein Esel
will tanzen

Komm !
Gehn wir aufs Eis

Ablaß

Ich vergebe mir
daß ich nicht bin
wie du mich willst

Ich vergebe dir
daß du zu oft willst
was andere wollen

Ich vergebe allen
die mich bekehren wollen
zu sein - wie sie sind

Fliegen lernen

Wenn Frauen
ihre Flügel ausbreiten
kriechen oft
Schmarotzer unter

Frau!
Breite deine Flügel aus
und flieg

Wer frei ist
hilft vielen
Wer sich ausnützen läßt
verrät sich selbst

Machos

Machos
sind die letzten
Vertreter des Tyrannus
Saurus Schmarotzerus

Kluge Frauen
füttern sie
nicht mehr

Neue Lust

Die neue Lust
der Frau am Mann:
Echt scharf
wenn er Staub saugt
das Baby badet
Salatsoße rührt
den Hund bürstet

Geradezu
unwiderstehlich:
Ein Mann
der gute Laune hat
und seine Frau
mit selbstgemachter
Lasagne verführt

Spielregeln

Hefeteig
der gelingen soll
verträgt keinen
Temperaturwechsel

Ehe
die gedeihen soll
verträgt keinen
Partnerwechsel

Egal ob du
Pizzateig knetest
oder heiratest -
beachte
die Spielregeln

Kinder

Kinder, junge Hunde
und Ehemänner
brauchen beste Nahrung
volle Zuwendung
und eine Dompteuse
die ihnen die Illusion
uneingeschränkter
Freiheit vermittelt

Früher

Früher
machte er ihr
den Hof

Heute
fegt er ihn
jeden Samstag

Verjüngungskur

Ochs und Kuh
käuen wieder
ewig alten Brei

Mensch käut wieder
ewig alte
Vorurteile

Neue Gedanken
frisch wie wilde Kräuter
halten jung

Du darfst!

Wir alle haben
triftige Gründe
warum wir sind
wie wir sind

Wir haben nicht
die Verpflichtung
zu bleiben
wie wir sind

Wir dürfen
uns verändern
und weiterentwickeln

Nimm dir
die Freiheit
täglich
neu zu sein

Zeitgemäß

Das Größte
an ihm
ist sein Auto

Das Tiefste
an ihr
ist ihr Schlaf

Das Sympathischste
an beiden –
ihr Kampfhund

Weltreisende

Heute trägt man
sein Unglück
rund um die Erde –
kommt heim
wie man immer war
und ist doch "mehr wert"
als andere
die ihr Elend
in der nächsten Kneipe
ersäufen

Auslese

Aus Trauben
handverlesen
wird guter Wein

Aus Gedanken
herzverlesen
wird gute Tat

Pablo Neruda

Es ist nicht wichtig
daß ich ihn kenne
mit ihm spreche
oder ihn berühre

Was hinter seinen
Worten lebt
ist dem, was hinter
meinen Worten lebt, näher
als menschliche Nähe
nah sein kann

Technische Beziehung

Ich spreche
auf deinen
du sprichst auf meinen
Anrufbeantworter

So höflich
sachlich
und korrekt
sind wir nur
auf Band

Wir sollten
unsere Anrufbeantworter
verheiraten

Langlebig

Die Statistik sagt:
"Verheiratete leben länger"
Logisch!
Kampfgeist, der nicht
gefördert wird, verkümmert
Kräfte, die nicht gestärkt
werden, erlahmen

Ehe ist kein sanftes
Ruhekissen. Sie ist, wie
"Traditionelles Taekwon-Do"
ein Kampfsport
mit festen Regeln

Immerwährendes
Tagesprogramm:
Den anderen nicht verletzen
Selbstdisziplin üben
Über sich selbst hinauswachsen
Den anderen mitziehen
Sich gemeinsam auf eine
höhere Ebene kämpfen

Bleibt da Zeit, früh zu sterben?

Wechseljahre

Wenn Heizspiralen
unter deiner Haut
brennen

dein Blut
wie Glühwein
dampft

deine Haut
beim Duschen
zischt

du beim Geruch
von Bratkartoffeln
zwei Kilo zunimmst

du Barthaare
Krähenfüße
und Altersflecke kriegst

dann –
hast du sie !
Die Wechseljahre

Nicht die Welt

Öde

Ein schlafendes
Walroß
hat höheren
Unterhaltungswert
als die Reden
unserer Politiker

Diabolos lacht

Die Kombination
von Überfluß
Streß
und Lieblosigkeit
zerstört mehr Menschen
als früher Colera und Pest

Kipp - Smiling

Die Meere kippen
das Klima kippt
der Aufschwung kippt
die Deutschen kippen
ungerührt ihr Bier

Nie genug!

Der Grund
des weltweiten
wirtschaftlichen
Zusammenbruchs:

Jeder will
mehr haben
als geben

Wahlen 1994

Den Mund voll Wörter
die Taschen voll Löcher
streut ihr unsere Augen
voll Sand

Wir wählen voll Frust
aus der Fülle
der Untauglichen
die Tauglichen?

Human

Wir liefern fleißig
Waffen in alle Welt

Dann spenden wir
Milchpulver
und Brandsalbe

Hick - Hack

Es ist vergeblich
an der Sturheit
anderer zu zerren

Wer sich selbst
verändert
bewegt viel

Reiche Ernte

Vor allem Frauen
ernten reichlich
die Früchte
ihrer ständigen
Kompromißbereitschaft:

Eine Gallenblase
voll Steine

Werbe-Fraß

In unserer Kultur
sind Tyrannen und Sklaven
ausgestorben

Wir unterwerfen uns
freiwillig der Tyrannei
überzüchteter
Schönheitsideale

Machen uns zu Sklaven
von Mode, Fitness
Diäten und Trends

Frei wie Kettenhunde
fressen wir
was die Werbung uns vorwirft

Es eilt!

Wir müssen
den Fallschirm
unseres Geistes
öffnen –
wenn wir
überleben wollen

Regierungsgewurschtel

Wenn wir
so weiterwurschteln
sind wir
in der Kette
der Generationen
vielleicht -
die letzte

Gnadenlos

Die Gen-Techniker
bescheren uns bald
Tüpfelschwanzteufelbeutelhörnchen
Sie ersetzen Meerschweinchen
und Hamster

Der fehlerfreifunktionierende
Vierundzwanzigstundenaktivmensch
DIN-Europa-Norm
meinungsundgottlos
total fremdbestimmbar
geht demnächst in Serie

Lyriker, Komiker, Kleriker
Dichter, Denker und Dackel
Schweißfüße, Nichtschwimmer
Hundehalter sind vorsintflutliche
Erscheinungen, die in ihrer
jetzigen Form stark
verbesserungsbedürftig sind

Vertraut den Gen-Technikern!
Sie stutzen bald alles
gnadenlos perfekt

Abgehärtet

Wäre ich nicht
von Kindheit an
an Menschen gewöhnt –
ich müßte an ihnen
verzweifeln

Entgiftung

Unsere Erde –
vollgeschwätzt
mit Meinungsmüll

Gib der Welt
eine Chance

Schweige

Kreislauf

Unter - Haltung
hält unten

Konsumieren
macht doof

Doofe –
konsumieren
mehr

Hitze-Trauma

Beim Erwachen
saust mir ein
"Miro" ums Hirn

Genick und Muskeln
ventilatoritis
versteift

Magen, Kopf und Seele
können nicht so schnell
krampfen –
wie mir schlecht ist

Ozonwerte erreichen
Höhen – bei der
Laborratten verenden

Die Reichen segeln
in der Karibik
Arme arbeiten wie immer

Denkt positiv!
Weihnachten wirds kühler

50

Sommerleiche

Wenn das so weitergeht
mit den Ozon - hoch - wertigen
Treibhaustemperaturen
werde ich zwei Leben leben

Eines v o r der Hitze
eines n a c h der Hitze
Dazwischen –
bin ich tot

Angeschmiert

Sonnenblocker
schützen vor aggressiven
Sonnenstrahlen
so sicher
wie ein Zeitung
überm Kopf
vor Atombomben

Fazit eines
schwül – heißen Sommers

Dreiundachtzig neue Falten
zweihundertsiebzehn
Schnackenstiche
ein Zeckenbiß

Drei verlorene Sonnenbrillen
ein Körpergefühl
als hätte ich glühende Lava
verschluckt

Zwangs-neurotische Begierden
nach Gänsehaut
Schüttelfrost
und Graupelschauern

Eine Wasserrechnung
als hätte ich den Titicacasee
vollgepumpt

Notruf:
Tausche komfortable
Dachwohnung
gegen Iglu

Konsequenz

Wer konsequent
Wahrheit und Liebe lebt
trägt mehr zum Weltfrieden bei
als der beste Politiker

Immer fallen Sterne

Immer fallen Sterne

Immer
fallen Sterne
der Hoffnung
fallen in Herzen
und Hände
fallen
wenn die Nacht
am dunkelsten

Wider alle Vernunft

Säe Liebe
in Felsspalten
Weisheit
zwischen Steine
Zärtlichkeit
in Wüstensand

Laß
den Frieden
Wurzeln schlagen
in Granit

Dein Mut
dein Wille
dein Glaube
ist Saatgut
das aufgeht

Helga

Ein Stern
fiel in
mein Leben

Sein Klang
hat meinen
Ton getroffen

Lautlose Lieder
Wir –
hören sie

Menschenfischer

Wenn
die Klarheit
des Geistes
sich mit der
Süße des Herzens
verbindet
wirst du
zum Rettungsanker

Dein Wort
wird zur Angel
das den anderen
aus dem Chaos
direkt
in sein eigenes
Herz zieht

Nicht BGB

Herz
Quecksilber
mit Flügeln
schwingt sich
durch die Finger
pfeiffend
über Regeln
und Norm

Folgt
dem Gesetz
des Wunders

Du schaffst es

Das Sandkorn
in der Muschel
schmerzt

Der Stachel
im Herzen
brennt

Umwebe ihn
Schicht um Schicht
zur Perle

Was die
Muschel kann
schaffst du auch

Getragen im Sturm

Ich Grenze
öffnen
Im Abstand
Nähe spüren
Ohne suchen
finden

Stille hören
im Lärm
Von Härte umgeben
zart sein

Getragen im Sturm
von Güte

Suchanzeige

Menschen gesucht
die schwach waren
und stark wurden

Sie haben
die Fähigkeit
Schwachen zu helfen
stark zu werden

Unter vielen

Rufen
ohne Antwort

Gehen
ohne Ankommen

Pflügen
immer nur
pflügen

Unbemerkt
der
neben dir?

Vergessen

Ein Buch
das nicht gelesen
ein Hund
der nicht gestreichelt
ein Mensch
der nicht gebraucht wird
gehört zum traurigsten
das es gibt

Dein Licht

Durch Schicksalsschläge
und Leid
will dich deine
innere Weisheit
an den Platz schieben
an den du gehörst

Kapierst du nicht – mußt du
so lange Schmerz erfahren
bis dir
"ein Licht aufgeht"

Dein Licht

Nicht mehr brav!

Brave unterstützen
mit ihrer Duldsamkeit
die Rücksichtslosigkeit
anderer

Bravsein wird nie belohnt
weder auf Erden
noch im Himmel

Jeder hat die Aufgabe
sich selbst zu entwickeln
sensitiv zu werden
für die inneren Gesetze

Die Quelle der Stärke
ist in uns. Wer aus ihr schöpft
ist nicht mehr brav

Er ist deshalb nicht
ununterbrochen glücklich
angstfrei und gesund
er ist frei - weil er
gelernt hat, mit den Dingen
anders umzugehen

Ja sagen

Leichtherzig
Vergangenes
zurücklassen

Leichtfüßig
dem Weg
entgegengehen

Leichtsinnig
bejahen
daß Wandlung
gut ist

Das Wort

Wörter
gibt es viele

Um "Das Wort"
muß man ringen
soll es uns nah
und beistehen
heil machen
und froh

Ein Wort
kann Wunden
heilen

Sag es!

Zuflucht

Nicht Kopf
Herz
lastig bin ich

Hautlos
Nestlos
Ohne Zaun

Schlüpf ich
in meine Hütte
aus Worten

Immer nur

Wahrheit
aus der Lüge
klauben
Wirklichkeit
aus Illusionen

Die Dinge
nicht schönreden
die Welt nicht
schönträumen

Nichts ändern wollen
Immer nur –
sich selbst

Weiterbildung

Jeder bildet sich
weiter
und fort
Immer weiter
fort

Wenige wollen
n ä h e r kommen
sich selbst
dem anderen
und Gott

In dir

Die inneren
und äußeren
Stürme
werden bedrohlicher

Weder Leuchtturm
noch Hafen in Sicht

Nur in dir –
die Arche

Deine Schritte

Du gehst mit
du bist in
der Zeit

Zielbewußt
alle Schritte
und Sinne
nach außen
gerichtet

Vergiß nicht
den Schritt
nach innen

Das Sinnen
über den Sinn
deiner Schritte

Nicht nur Blumen

Trag
ein Lächeln
auf das Grab

Streu
Versöhnung
in die Erde

Gieß
die Blume
der Erinnerung

Deine
Zärtlichkeit
kommt an

Hoffnungsträger

Es gibt ein Leben
jenseits des Konsums
Ein unauffälliges Leben

Die Wirtschaft
besteht
durch konsumieren

Ein Volk lebt
aus der Quelle derer
die sich entziehen

Brandstifter

Deine
Wichtigkeiten
sind so nichtig

Du wirst Asche
Dein Besitz
Antiquität

Trage
die Fackel deiner Liebe
in die Nacht

Berühre
die Herzen der Menschen
Es gibt nichts Wichtigeres

Krümel

Kinder
sind durch
schlechte Erzieher
mehr gefährdet
als der Vatikan
durch den Teufel

Der Lieblose –
ein Mensch
in Mogelpackung

Ein gutes Wort
ist ein Schokoriegel
für die Seele

Alle Hände
voll zu tun –
keine Hand frei
zu helfen?

Unser Leben –
ein einziges
Entwicklungsdrama

Es gibt
mehr junge
als alte
Schrullen

Es ist leicht
seinen Nächsten zu lieben
wenn er nur
weit genug weg ist

Ehe – ein immerwährendes
Kontrastprogramm

Silberhochzeit
die Überwindungsprämie

Mann!

Sei nicht
mein Schatten
Sei mein Licht

Ehe ist
Härtetest
und Überlebenstraining

Ein knackiger Po
und etwas Östrogen
reichen nicht aus

Der Mann
zuhause –
eine Teilzeitkraft
mit viel zu hohen
Ansprüchen

Im Wahn - Sinn
des Lebens
ist Ego
der Wahn
Liebe
der Sinn

Vollkommene
Einfachheit
wäre einfach
vollkommen

Gott mutet uns
das Mensch – Sein zu

Er bietet uns
sein Da – Sein an

Nehmen wir an?

Nichts festhalten
Fließen lassen

Leeren Raum schaffen
dem Wunder

Von guten Zeiten
die besten
sind die
in denen du liebst

Wer die Dinge
mit dem Herzen sieht
baut anderen ein Dach

Liebende
sind Laternen
im dunkeln

Humor
ist ein Lichtstrahl
aus dem Herzen Gottes

Witz
ein Wetterleuchten
im Gehirn

Wenn
dein Schutzengel
Ferien macht
schickt er dir
einen Freund

Grenzenlos fordernd
vergessen wir
das Grenzenlose
aus dem wir kommen

Die Umstände
sind
mächtig

Deine
innere Kraft
auch

Vertrau ihr

Schreiben

Schreiben heißt schwanger sein
und gebären. Papierkörbe füllen.
Nächte durchwachen.
Immer am Anfang – oft am Ende sein –
um wieder anzufangen.

Herzflattern, Flügelzittern,
Glückseligkeit und Zweifel
sind hautnahe Begleiter.
Es kommt vor,
daß beim Schreiben das Essen an-
brennt,
die Zeit wegrennt.
Immer liegen die Worte im Ohr,
sausen ums Herz, bedrängen,
suchen eine Form, verlangen nach
Federn.
Sie wollen fliegen - und landen.
Bei dir.

Zur Person

Sigrid Burger
geb. 1940 in Pforzheim

Gedichtbände:

"Was micht bewegt" 1983
"Die befreite Frau" 1984
"Meine Wut hat Flügel" 1986
(alle zur Zeit vergriffen)

* * *

Im Verlag Sigrid Burger erschienen:

"Verloren ist nichts" 1992
Zärtliche Gedichte mit Biß
"Mehr Herz ins Hirn" 1994
Gedichte

Mir geht es in meinen Texten
nicht um stilistische Wortklaubereien,
um lyrische Schmankerln,
noch um Schöngeistiges für
esoterische Lustmolche.

Ich sage, was ich zu sagen habe.
Möglich, daß ich
dabei auf Fußzehen trete.
Wenn ich störe,
habe ich viel erreicht.

Sollte nur eine Zeile einen Leser
anrühren, hat es sich gelohnt,
daß ich schreibe.

       Sigrid Burger, im August 1994

Inhalt

Tanz der Esel

Nicht die Welt

Immer fallen Sterne

Krümel

In Vorbereitung:

Sigrid Burger

Aber die
Augen

Gedichte und Impulse

Steh auf!
Geh hinaus und
wirke
Das Leben
ruft sich heiser
nach dir

Verlag Sigrid Burger

DM 17,–

Was mich bewegt

erlebte in kurzer Zeit die 4. Auflage.
Die bekannte Autorin Brunhild Börner-Kray
urteilt so: „Die tiefempfundenen Gedanken,
die in ihm zum Ausdruck kommen,
berühren die Seele. Sie sind vom Leben
selbst geschrieben, durchlitten und
meisterhaft zum Ausdruck gebracht.
Jeder aufmerksame und feinfühlende Leser
spürt die Tiefe, Schlichtheit und Erlebnis-
kraft, die hier auf den verschiedensten
Lebensebenen zum Ausdruck kommt,
aber auch den geistvollen Humor in der
rechten Temperatur und Würze".

194 Seiten, kartoniert   **DM 12,80**

(Vorerst vergriffen)

Die befreite Frau

von Sigrid Burger enthält rebellische,
traurig-wütende Texte einer Frau, die
täglich bewußter erlebt, wie unbewußt sie
bislang lebte. Sie war eine angepaßte
„Allerweltsfrau" die sich abmühte und
„zu Tode strampelte", um es allen recht
zu machen. – In ehrlicher, kritisch-
unsentimentaler Eigentherapie beleuchtet
sie ihre Situation und kommt zu frucht-
baren Erkenntnissen. Jede Frau wird aus
diesem Buch Anregung und Gewinn
ziehen. Jeder Mann, der seine Frau liebt,
sollte dieses Buch lesen.

265 Seiten, kartoniert   **DM 20,80**

(Vorerst vergriffen)

Meine Wut hat Flügel

ist der 3. Gedichtsband von Sigrid Burger.
Die Texte sind spontan, lebensnah, voll
Tiefe und Weitblick, Zärtlichkeit und Zorn.
Die Autorin hat trotz Ironie und Scharfblick
eine tiefe Liebe zum Menschen, zu Gott
und seiner Schöpfung, die immer spürbar
bleibt. Sie durchleuchtet eigene und
fremde Zwänge. Entschlossen geht sie den
Weg, den ihr Innerstes weist.

152 Seiten, kartoniert   **DM 19,80**

(Vorerst vergriffen)

Verloren ist nichts

Zärtliche Gedichte mit Biß

"Dieses Buch gehört in jede Hausapotheke. Es enthält Herztropfen fürs Gehirn. Beim Wiederkäuen entfaltet sich sein voller Wert."

ISBN 3-9803018-O-X
128 Seiten, kartoniert **DM 21,–**

Mehr Herz in's Hirn

Gedichte

"Was nutzen dir tausend Volt im Hirn, wenn dein Herz im dunkeln tappt ?"

ISBN 3-9803018-1-8
112 Seiten, kartoniert **DM 17,–**

Zu beziehen über den Buchhandel oder direkt beim Verlag:
**Sigrid Burger, Rudolfstraße 27, 75177 Pforzheim,
Telefon 0 72 31/ 35 77 65**

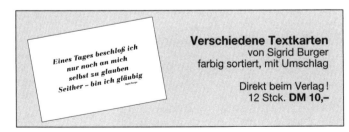

Eines Tages beschloß ich nur noch an mich selbst zu glauben
Seither – bin ich gläubig

Verschiedene Textkarten
von Sigrid Burger
farbig sortiert, mit Umschlag

Direkt beim Verlag !
12 Stck. **DM 10,–**